Cuentos de Inteligencia Artificial

Fábulas para ayudar a niños y mayores a entender y a usar la IA con responsabilidad

Francisco Pérez Bes

tirant humanidades
Valencia, 2025

Prólogo

La publicación de este libro de fábulas infantiles responde a la necesidad de dar a conocer cuáles son los principales riesgos a los que nos enfrentamos adultos y menores (en particular, los padres e hijos) cuando usamos tecnologías que incorporan sistemas de inteligencia artificial y cómo afrontarlos.

No cabe duda de que la utilización de estas tecnologías nos ofrece increíbles oportunidades desde múltiples perspectivas, pero también que conlleva importantes riesgos. Es imprescindible, por tanto, que todos aprendamos a hacer un uso responsable y seguro de las mismas; especialmente, los menores de edad, por su condición de usuarios especialmente vulnerables. A ello quisiera contribuir esta publicación.

La tarea de educar a los niños en la utilización de estas nuevas tecnologías es responsabilidad de todos, especialmente de padres y educadores. Por ello, no solo al público infantil, sino también a aquellos va dirigido este libro, que pretende facilitar esa tarea, ayudando a que la misma resulte entretenida y divertida.

El éxito previo de la publicación de "Cuentos de ciberseguridad", y el testimonio agradecido de muchos de sus lectores, me reafirmaron en la utilidad de este formato tradicional de pequeños relatos que, a través de sencillas historias, transmiten importantes enseñanzas o moralejas, para ayudar a los niños a empezar a adentrarse, con prudencia y seguridad, en el apasionante mundo de la inteligencia artificial.

En sus páginas, pobladas de simpáticos animales que se enfrentan a situaciones complicadas, se abordan cuestiones como la privacidad, la intimidad o los derechos de autor; también la desinformación o el gasto energético que conlleva el uso de IA. Los relatos se acompañan de fichas técnicas que explican su conexión con los riesgos de la inteligencia artificial y proponen cuestiones para abordar la conversación sobre los mismos, tras su lectura.

Ojalá estos pequeños relatos, que transcurren en un mundo imaginario, cumplan su misión real de ayudaros a compartir momentos de reflexión, diálogo y aprendizaje sobre el uso de la IA, con los que serán los ciudadanos digitales del mañana.

A mi mujer, Charo,
y a mis hijos, Daniel y María,
que desde que nacieron
me inspiran en todo lo que hago

El zorro hambriento

Había una vez un viejo zorro que vivía en el bosque. Con el paso de los años, el zorro se había vuelto más lento, y aunque sus fuerzas comenzaban a flaquear, su astucia se conservaba intacta.

Como los meses de frío se acercaban, el zorro comenzó a buscar comida para poder sobrevivir al duro invierno. Sin embargo, cada vez le costaba más encontrar alimento. Se cansaba enseguida y no podía cazar tan fácilmente como antes. Fue entonces cuando decidió pedir ayuda.

Se adentró en el bosque hasta llegar al lugar donde se encontraban los árboles centenarios, y se acercó, temeroso, al más alto y frondoso, que también era el más sabio. A medida que se acercaba, podía apreciar mejor la majestuosidad de sus ramas y su enorme tronco, cubierto por un musgo de color verde intenso.

Ya frente a él, el zorro alzó la cabeza y le preguntó: <<Hola, gran árbol. Soy un viejo y hambriento zorro. ¿Podrías, por favor, ayudarme a encontrar comida en el bosque para poder pasar el invierno?>>.

Tras una pausa, el árbol respondió: <<Al pie del arroyo verás una cueva. En su interior encontrarás comida>>.

Siguiendo las indicaciones del viejo árbol sabio, el zorro corrió, tan rápido como pudo, hasta ese lugar. Pero, cuando llegó allí, vio que en

la entrada de la cueva había una puerta, cerrada con un candado, que le impedía el acceso.

El zorro, frustrado, volvió al bosque para, de nuevo, preguntarle al árbol: «Hola, noble árbol. He encontrado la cueva que me indicaste, pero su puerta está cerrada. ¿Podrías indicarme, por favor, cómo abrirla?».

El árbol le dio la respuesta: «Junto a la puerta encontrarás una gran piedra. Bajo ella está la llave que abre el candado».

El zorro, cada vez más hambriento, siguió las precisas instrucciones que le había dado el árbol. Tal y como le había indicado, bajo la piedra más grande encontró la llave que abría el candado. Con la llave en su poder, pudo abrir la puerta y entrar en la cueva, donde encontró mucha comida. Mucha más de la que necesitaba para pasar ese invierno.

Lo que no sabía el zorro es que esa cueva pertenecía a todos los animales del bosque, quienes habían estado trabajando duro desde la primavera almacenando allí comida para poder pasar el invierno. Al enterarse de que el zorro se había llevado comida, los demás animales se enfadaron mucho con él.

El zorro, dándose cuenta de su error, se disculpó sinceramente con todos, y les explicó lo que había sucedido. Los animales, al conocer la historia, comprendieron las dificultades del viejo zorro para conseguir comida, y que no había actuado de mala fe. Así que decidieron ayudar al viejo y honesto zorro, que así pudo pasar el invierno en compañía de los otros animales, quienes compartieron con él su comida y le cuidaron, hasta acabar convirtiéndose en sus amigos.

Ficha técnica "el zorro hambriento"

La inteligencia artificial procesa la información que, utilizando distintas técnicas, se pone a su disposición. La estructura y analiza a través de un proceso que comúnmente se conoce como «entrenamiento de la IA». Si la información que se le facilita (inputs) es falsa o incompleta, o la pregunta que se le plantea no está bien formulada la respuesta que se extraerá (outputs) puede no ser veraz.

Si basamos nuestras decisiones en la información inveraz o incorrecta proporcionada por la inteligencia artificial, corremos un grave riesgo de tomar decisiones equivocadas que pueden llevarnos a situaciones incómodas o perjudiciales.

Con el fin de evitar este tipo de situaciones, es imprescindible contrastar la información que nos facilita la IA con datos provenientes de fuentes fiables. Esto nos permitirá asegurarnos de que la información es cierta y confiable, y así, actuar con responsabilidad, seguridad y diligencia.

Además, en este cuento, el zorro, ante la urgencia del hambre, no formula las preguntas de forma adecuada, lo que le lleva a obtener información parcial y, por tanto, incorrecta. Esto nos recuerda que con la IA es fundamental orientar y detallar bien las preguntas (los conocidos como prompts), pues de lo contrario puede obtenerse información errónea o poco útil.

Preguntas para debate: «El zorro hambriento»

— ¿Crees que la inteligencia artificial siempre da respuestas correctas y que no se equivoca nunca?

— Si hubieras sido el zorro, ¿te habrías creído lo que dijo el árbol?

— ¿Cuál fue el problema de no contrastar la informaciónque le dió el árbol al zorro?

— Imagina un caso en que algo parecido le hubiera podido pasar a una persona que usa una herramienta de IA para buscar respuesta a una pregunta."

La ardilla pequeñilla

Érase una vez una pequeña ardilla que vivía en un árbol, no muy lejos de aquí. Era un animal pequeño, y no muy fuerte, al que le encantaba aprender cosas nuevas.

Un día, mientras saltaba de árbol en árbol, la ardilla se topó con una lechuza.

Sus papás siempre le habían dicho que las lechuzas eran unos animales muy listos, así que aprovechó para acercarse y hacerle una pregunta: «Hola, señora lechuza. Usted que es muy sabia, ¿podría decirme qué tipo de comida es la mejor para que un pequeño roedor como yo crezca y se convierta en una ardilla sana y fuerte?».

Muy amablemente, el ave le respondió: «Por supuesto, joven amiga: la mejor comida para las ardillas son las nueces y las semillas».

Deslumbrada por la rapidez y claridad de la respuesta, la ardilla confió en el consejo de la sabia lechuza y pasó a comer únicamente nueces y semillas, evitando otros alimentos. «De este modo, pronto me convertiré en una ardilla grande y fuerte», pensó la pequeña ardilla.

Al cabo de una semana la ardilla comenzó a sentirse débil, así que decidió visitar a la doctora del bosque. Al explicarle la ardilla lo sucedido, la doctora le recordó que, si se limitaba a comer solo nueces y semillas, no estaba aportando a su cuerpo todos los nutrientes que las ardillas necesitan para tener una buena salud, por lo que podría enfermar.

La ardilla, entonces, se dio cuenta de que, la lechuza había asumido, equivocadamente, que todas las ardillas comen lo mismo, y no había tenido en cuenta la dieta específica que necesita una ardilla joven que, como ella, vive en el bosque y es muy juguetona.

Al darse cuenta de que había cometido un error por haber confiado en la lechuza a pies juntillas, entendió que debería haber comprobado con otras ardillas más mayores, e igualmente sabias, si la información que le habían dado era correcta.

Ficha técnica: "La ardilla pequeñilla"

Los algoritmos de inteligencia artificial aprenden con datos que se usan para entrenarlos, que son los que sirven para que la IA pueda dar respuestas a las preguntas que se le hacen.

Durante este proceso, la IA puede arrastrar sesgos derivados de los prejuicios, carencias e inexactitudes de los datos de entrenamiento que se han utilizado. Si tales datos son sesgados, los resultados que ofrezca la IA también lo serán y, por tanto, no serán fiables.

Sin cuestionar la utilidad de las herramientas que incorporan este tipo de tecnologías, es recomendable que la información que se extraiga de herramientas de inteligencia artificial generativa se contraste con otras fuentes fiables, de manera que permita a los usuarios formarse una opinión completa y bien fundada.

En este caso, nuestra joven amiga la ardilla, tras hablar con la doctora comprendió que cuando generalizas y tratas a todos por igual y sin tener en cuenta sus propias particularidades, puedes equivocarte en tu consejo. Así, la lechuza le había dado una opinión incompleta e inapropiada, que, al no ser especializada ni tener en cuenta todas las variables, pudo causarle daño a la ardilla, quien por no contrastar el diagnóstico comenzó a alimentarse de manera inadecuada.

Preguntas para debate: «La ardilla pequeñilla»
— ¿Crees que hizo bien la ardilla preguntándole a una lechuza?
— ¿Por qué crees que la ardilla comenzó a sentirse enferma?
— ¿Si utilizas una IA para pedirle consejo, te creerás todo lo que te diga?

La cigüeña y la piedra mágica

Había una vez una cigüeña a la que le encantaba volar. Se podría pasar todo el día batiendo sus alas, yendo de aquí para allá.

La cigüeña era muy inteligente y siempre estaba aprendiendo cosas nuevas. Una mañana, mientras construía un nido en lo alto de la torre de una iglesia, descendió hasta el suelo para coger palos y piedras con su pico, con las que reforzar la estructura de la que sería su casa.

Al caer la noche, una de las piedras que había recogido comenzó a hablar, y le dijo a la cigüeña que se trataba de una piedra mágica capaz de dar respuesta a todas las preguntas que el ave le hiciese.

La cigüeña, que era un animal muy curioso, estaba muy emocionada ante este ofrecimiento, así que comenzó a hacerle a la piedra todo tipo de preguntas.

Como la piedra siempre tenía una respuesta para todo, la cigüeña quiso preguntarle una cosa que le preocupaba desde hacía algún tiempo: «¿Piedra mágica, qué debo ser de mayor?». La pequeña roca no dudó en responderle que debía irse a vivir a una charca porque, en unos años, lo mejor para ella era ser rana, ya que tiene muchas ventajas: Así le explicó: «No tienes plumas, no necesitas construir nidos, y te ahorras volar, que es una tarea que consume mucha energía y es muy cansado», afirmó la roca.

Aunque algo extrañada por la respuesta, la cigüeña creyó que debía hacerle caso, ya que parecía que nunca se equivocaba. Así que se mudó al estanque más cercano.

Los primeros días en el estanque no fueron fáciles para la cigüeña: al principio casi se ahoga porque no sabía nadar. Tampoco sabía croar. Además, tenía mucha hambre, porque allí solo había insectos para comer. También pasaba mucho frío por la humedad de ese lugar.

Con el tiempo, la cigüeña se dio cuenta de que, en realidad, ella era un ave, y que por más que se esforzara en adaptarse, jamás podría ser una rana. Así que regresó con el resto de las cigüeñas y volvió a volar feliz junto a ellas.

Ficha técnica: "La cigüeña y la piedra mágica"

La información generada por una inteligencia artificial puede condicionar la toma de decisiones personales, en la creencia de que lo que dice una máquina está mejor fundado o es más conveniente que un criterio humano, incluso el propio criterio del interesado.

En este sentido, debemos tener en cuenta que la información que se obtenga de un algoritmo puede aportar valor, pero nunca debe sustituir la decisión de la propia persona y, sobre todo, no exime de la responsabilidad de esa persona por sus propios actos.

Todo lo ocurrido en esta historia le enseñó a la cigüeña que no debía hacer caso a todo lo que la piedra le decía porque, en realidad, nadie sabe tanto de cigüeñas como las propias cigüeñas.

En el caso de los niños, debemos enseñarles a analizar las respuestas que obtengan de una inteligencia artificial generativa, y a decidir por sí mismos, para que sean conscientes de que no deben dejar que una inteligencia artificial decida por ellos en base a opiniones fundamentadas en datos y en análisis que no incorporarán todas las variables de una vida humana.

Preguntas para debate: «La cigüeña y la piedra mágica»

— ¿Te ha gustado el cuento? ¿Cómo explicarías lo que le ha sucedido a la cigüeña?

— Si tú fueras la cigüeña, ¿hubieras hecho caso a la piedra?

— Si en vez de una cigüeña y una piedra, hubieran sido un niño y una inteligencia artificial, ¿qué situaciones podrían haberse dado?

La urraca Paca

Había una vez una urraca que vivía en un nido, en el árbol
más alto del bosque.

Como cada día, la urraca salió a explorar los alrededores a ver si
encontraba algo que comer, pero esta vez lo que encontró fue un
cristal muy brillante sobre la hierba del prado.

La urraca quedó fascinada por el brillo y los colores que desprendía
el cristal. ¡Era la cosa más alucinante que había visto!

Así que cogió cuidadosamente el vidrio con su pico y se lo llevó a
su nido, donde podría contemplarlo sin parar. Cada vez, la urraca
comenzó a pasar más y más tiempo junto al hipnotizante cristal.

Pasaba tanto tiempo mirándola que dejó de hacer otras cosas
que le gustaban, como graznar muy alto, revolotear por el prado
o jugar con sus amigos los conejos. Un día, la urraca comenzó
a sentirse sola, echaba de menos a sus amigos pero, aunque lo
intentaba, no podía alejarse de su nueva posesión.

Un día, el en un descuido, el frágil cristal cayó del nido, con tal
mala suerte que golpeó contra una piedra y se rompió. La urraca
se echó a llorar. Se sentía perdida sin su cristal. No sabía qué hacer
sin poder contemplar más su mágico juego de reflejos y luces.

Sin embargo, la urraca, que era un animal muy listo, decidió no ue
no podía seguir triste para siempre por la rotura del cristal, y se
puso a recordar todas las cosas que solían gustarle y hacerle feliz
antes de encontrar el cristal y quedarse encerrada en su nido. Al

hacerlo se dio cuenta de que, durante todo este tiempo que había pasado encerrada en su nido contemplando el cristal, se había estado perdiendo muchos planes divertidos y emocionantes.

Arrepentida por el tiempo perdido la urraca volvió a disfrutar de la naturaleza y de sus amigos. Y aunque siguió coleccionando objetos brillantes que de cuando en cuando encontraba durante sus vuelos, nunca más dejó que aquellos la distrajeran de las cosas que verdaderamente son importantes en la vida de una urraca.

27

Ficha técnica: "La urraca Paca"

Una exposición continuada y sin moderación a la inteligencia artificial puede provocar un impacto negativo en la salud mental de los niños, quienes pueden sentirse abrumados por la cantidad de información y estímulos que reciben, e incluso provocarles síntomas de ansiedad y/o estrés.

Asimismo, el uso de algunas herramientas de IA puede ser muy atractivo y, por ende, adictivo para los niños, resultándoles difícil desconectar de su uso. Por eso es muy importante evitar que los menores pasen demasiado tiempo interactuando con la IA, pues tal comportamiento puede contribuir a que desarrollen algún tipo de adicción o aislamiento u otras patologías que acaben perjudicando su desarrollo cognitivo y social.

La urraca se dio cuenta a tiempo de que lo verdaderamente emocionante era jugar al aire libre y compartir su tiempo con amigos, sin que ello le impidiese disfrutar de otros hobbies, siempre con la moderación que requiere una personalidad equilibrada.

Preguntas para debate: «La urraca Paca»

— ¿Has usado alguna inteligencia artificial? ¿Qué te ha parecido la experiencia?

— ¿Te daban ganas de seguir hablando con ella más tiempo?

— ¿Qué cosas podrías hacer sin necesidad de una IA?

— ¿Cómo crees que era más feliz la urraca? ¿contemplando el cristal o jugando con sus amigos?

Martín, el loro parlanchín

Érase una vez un loro, que atrapado en medio de una tormenta, se desorientó y no supo seguir su ruta.

Al caer la noche y darse cuenta de que se había perdido, el loro se posó en un árbol y construyó lo más rápidamente que pudo, con los últimos rayos de luz, un sencillo nido para poder descansar. Al despertar vio que el árbol estaba en una bella zona, a la orilla de un lago. Y decidió quedarse allí. El loro tenía una gran habilidad: era capaz de repetir cualquier cosa que se le dijera.

Esa habilidad le hizo muy popular entre el resto de los animales que vivían por la zona, los cuales se acercaban a su nido para decirle palabras, y escuchar cómo las repetía. Eso les hacía mucha gracia, y aquello hacía feliz al loro.

A las gacelas les gustaba especialmente acercarse a ver al loro. A menudo le visitaban para compartir historias sobre sus aventuras, contarle todo tipo de cosas y enseñarle nuevas palabras que escuchaban, divertidas, cómo repetía, con su voz de loro.

Lo que los animales no sabían es que el loro no solo repetía palabras, sino que también aprendía todo lo que se le contaba.

Un día, el león, hambriento, al enterarse de la habilidad del loro, fue a visitarle. En esta ocasión, el rey de la selva no le pidió al loro

que repitiera nada, sino que le preguntó si sabía en qué lugar se escondían las gacelas que, por cierto, eran su comida favorita.

El loro, queriendo impresionar a un animal tan majestuoso y respetado, le dio detalles concretos del estanque en el que solían juntarse las gacelas. Lo sabía de buena tinta porque, ellas mismas, en alguna de sus visitas, le habían contado dónde vivían y cuál era el lugar al que solían ir a beber agua cuando hacía mucho calor.

El león, agradecido por la información, partió veloz hacia ese lugar, donde esperó a que llegasen las gacelas.

De pronto, el loro, reparó que, con su acción, había puesto en peligro a sus amigas las gacelas, voló lo más rápido que pudo hasta encontrar a su líder, a la que explicó lo que había sucedido.

La jefa gacela, ante la gravedad de los hechos, dio orden inmediata a sus compañeras de no acercarse a la charca hasta que el león abandonara la zona y regresara a su territorio. Gracias a ese aviso las gacelas pudieron salvarse de morir devoradas.

Durante los días siguientes, la jefa gacela se aseguró de hablar con todas y cada una de ellas, para hacerles entender la importancia de la información confidencial, y cómo, si no se protege bien, podían ponerse en peligro, no solo ellas mismas, sino también a las demás gacelas.

A partir de ese día, tanto el loro como las gacelas aprendieron que, aunque es divertido hablar, también hay que ser cuidadosos con la información que se comparte y aprender a no revelar cierta información sensible, especialmente si al revelarla podemos perjudicar a otros.

Ficha técnica: "Martín, el loro parlanchín"

El uso de herramientas basadas en inteligencia artificial implica una serie de riesgos que pueden afectar a la intimidad y la privacidad propia y de terceros.

Eso se debe a que, en efecto, este tipo de tecnología está pensada para procesar grandes cantidades de información y dar respuestas a cualquier tipo de pregunta que se le pueda plantear, especialmente si se tratan de herramientas de generación de contenidos. Entre estos riesgos, podemos destacar:

— La recolección excesiva de datos: los sistemas de inteligencia artificial a menudo requieren una gran cantidad de datos para funcionar eficazmente. Esto puede llevar a la recopilación excesiva de información personal, lo que aumenta los riesgos derivados de que se acceda a datos sensibles que no deben caer en las manos equivocadas.

— El perfilado de personas: la IA puede analizar patrones en los datos para identificar comportamientos en línea o crear perfiles detallados de las personas, revelando aspectos íntimos de sus vidas, preferencias y comportamientos que podrían ser utilizados con fines desleales, de manipulación o comercialización invasiva, o bien para discriminar o dañar la privacidad de las personas.

— La invasión de la intimidad y vida personal: los sistemas de IA conectados en el hogar, en los vehículos, o en el cuerpo, pueden recopilar información sobre las actividades cotidianas de las personas, lo que podría vulnerar la privacidad y revelar detalles de sus vidas privadas de manera indeseada.

Preguntas para debate: «Martín, el loro parlanchín»

— ¿Crees que el loro fue imprudente al hablar con el león, o las imprudentes fueron las gacelas al explicarles su secreto al loro?

— Si a una IA le damos información confidencial o privada, ¿crees que estará bien protegida?

— ¿Qué datos no le contarías a una IA?

Salvador, el ciervo pintor

Había una vez un hermoso ciervo que vivía rodeado de altos árboles y coloridas flores.

Un día, el ciervo descubrió que tenía un talento especial para crear obras de arte increíbles. Pintaba cuadros con colores vibrantes y detalles asombrosos. Sus creaciones eran tan hermosas hasta su bosque llegaban animales desde muy lejos para contemplarlas.

Pronto se dio cuenta de que sus creaciones eran únicas y empezó a preocuparse por la posibilidad de que alguien pudiera copiar o robar sus obras. ¿Cómo podría proteger sus cuadros?

Un día, mientras paseaba, el ciervo se encontró con un zorro muy astuto llamado Max. Max era conocido por su habilidad para engañar a los demás animales y robar sus pertenencias. El ciervo sabía que debía tener cuidado con él.

Max se acercó con una inocente sonrisa y le dijo: «¡Hola, Salvador! He oído hablar de tus increíbles cuadros. ¿Me dejarías que me los llevara solo unos días para poder decorar las paredes de mi vieja y triste madriguera?».

El ciervo, que no se fiaba nada del zorro, le respondió: «Lo siento, Max, pero no presto mis cuadros. Si te gustan mucho los puedes comprar», respondió el ciervo con firmeza.

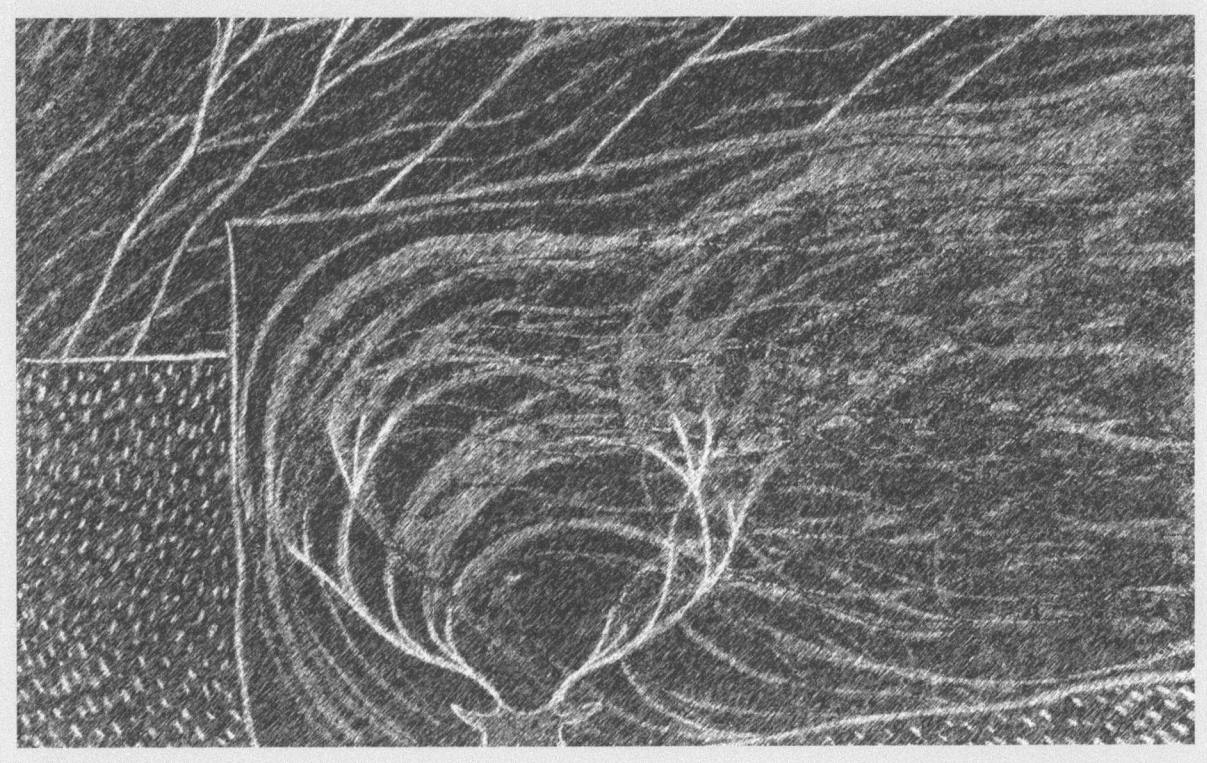

Max se puso furioso y empezó a buscar maneras de copiar los cuadros del ciervo. Intentó persuadir a otros animales para que lo ayudaran, pero ninguno estaba dispuesto a traicionar a su amigo.

Al enterarse, el ciervo se reunió con los animales más sabios de la selva y les pidió consejo, con la esperanza de que con su ayuda podría encontrar la manera de que todos los animales pudieran saber cuáles eran los cuadros originales pintados por el ciervo, y que no se confundieran con los cuadros copiados de Max. Juntos, idearon un plan para crear una firma única en cada uno de los cuadros del ciervo. Una marca imposible de copiar que demostraría que los cuadros eran verdaderamente suyos.

Cuando Max se enteró de esto, se dio cuenta de que ya no podría copiar los cuadros del ciervo sin ser descubierto. Frustrado y derrotado, se alejó en busca de nuevas oportunidades de engaño.

Siguiendo el ejemplo del ciervo, otros animales también explotaron su talento, y comenzaron a desarrollar su creatividad escribiendo libros, poesías, esculpiendo, componiendo y tocando música... El bosque se convirtió en un lugar aún más maravilloso, lleno de creaciones que permitían a todos los animales expresarse de forma bella. Pero siempre firmados por su verdadero autor, y respetando sus creaciones.

Ficha técnica: "Salvador, el ciervo pintor"

La protección de la autoría de las obras intelectuales es un incentivo fundamental para que los creadores y desarrolladores inviertan tiempo, esfuerzo y recursos en la creación de nuevas obras artísticas, literarias o soluciones de naturaleza tecnológica. Sin estas protecciones, los creadores podrían ser menos propensos a innovar, ya que no tendrían la garantía de poder beneficiarse de sus creaciones.

La protección de la propiedad intelectual en cualquier ámbito, también en el de la inteligencia artificial, es esencial para garantizar el florecimiento de la innovación, la competencia justa y el desarrollo sostenible de la industria, al tiempo que se reconoce y respeta el trabajo creativo de las personas y las organizaciones. Hay que explicar a los menores que al compartir sus creaciones con herramientas de IA, pueden estar perdiendo su derecho legítimo a la explotación futura de sus obras, con el consiguiente perjuicio para ellos.

Además, la protección de la propiedad intelectual evita que otras personas o entidades copien o roben ideas y soluciones originales creadas por individuos o empresas. Esto fomenta una competencia justa en el mercado, donde los actores compiten en función de sus propias capacidades, en lugar de aprovechar el trabajo de otros sin compensación.

Con los niños de más edad, también se puede dialogar acerca las dificultades que plantea en la actualidad la protección de obras creadas con IA, por cuanto las mismas no son creación humana y, en ocasiones, carecen de originalidad.

Preguntas para debate: «Salvador, el ciervo pintor»

— ¿Te ha gustado el cuento? ¿Cómo explicarías lo que ha ocurrido?

— ¿Te parece justo que otros se aprovechen de las obras creadas por un autor sin pagarle?

— ¿Qué crees que puede pasar si compartes una creación original con una IA?

La hormiga robot

Cuando las hormigas terminaron de construir el robot, quedaron fascinadas con el resultado. Después de tanto trabajo, ¡por fin podían tener un ayudante que se ocupara de hacer los trabajos más eso les dejaría más tiempo libre para descansar y jugar. "¡Hurra!" Gritaron todas.

De inmediato llevaron al robot al hormiguero, donde comenzaron a enseñarle todas las tareas que antes —repetitivamente— solían hacer ellas todos los días durante muchas horas.

El robot, al que llamaron ANTBOT, era muy inteligente y aprendió rápidamente. Enseguida, comenzó a cocinar, limpiar, llevar las finanzas del hormiguero y a hacer muchas otras de las labores que diariamente la hormiga reina les encargaba.

Al principio, las hormigas estaban felices de tener un robot que las ayudara, porque así tenían más tiempo libre que podían dedicar a jugar y explorar el bosque.

Poco a poco, las hormigas se fueron volviendo perezosas y dependientes de ANTBOT. Fueron dejando de esforzarse y de aprender a trabajar. Todo lo que querían, se lo pedían al robot, y este lo hacía rápidamente y para ellas.

Con el tiempo, las hormigas dejaron de desarrollar sus habilidades e incluso se olvidaron de cómo hacer muchas de aquellas cosas que

habían estado haciendo siempre por sí mismas. Incluso algunas dejaron de comunicarse entre ellas como antes, ya que ahora solo interactuaban con el robot.

El otoño llegó y con él, la lluvia y el frío. Ese año llovió más de lo habitual, y hubo inundaciones en toda la zona. El agua fluía sin control, y el hormiguero corría riesgo de inundarse también.

Ante esta amenaza, todas las hormigas se movilizaron para evitar que el agua entrase por los accesos al exterior y destruyese todo lo que habían construido. «No os preocupéis», gritó la hormiga más joven. «Sí, el robot nos salvará», exclamaron sus compañeras.

Así que le pidieron a ANTBOT que crease un sistema que desviase el agua, evitando así que el agua arrasara con todo lo que las hormigas habían construido con tanto esfuerzo. Sin embargo, el robot no había sido programado para hacer obras de este tipo y no tenía ni idea de qué hacer en ese caso, por lo que no pudo ayudar a las hormigas.

Estas, desesperadas, se dieron cuenta de que dependían demasiado del robot y se habían olvidado de cómo hacer muchas cosas importantes.

Como el agua seguía entrando y amenazaba, cada vez más, con arruinar todo el hormiguero, las hormigas más mayores se unieron y, como antiguamente, enseñaron sus habilidades a las de las hormigas más jóvenes. Juntas lograron construir un dique improvisado que permitió desviar, durante las horas que duró la lluvia, el agua que se colaba por las galerías del hormiguero. Cuando la tormenta por fin cesó, las hormigas respiraron aliviadas y se sintieron orgullosas de haber podido salvar el hormiguero por sí mismas.

Así aprendieron la importancia de saber resolver problemas de forma conjunta y en colaboración, confiando en sus propias habilidades. Y también que, aunque la tecnología podía ser útil, era importante no depender completamente de ella y nunca perder la esencia de lo que las hacía especiales: su ingenio, amistad y colaboración.

Ficha técnica: "La hormiga robot"

El uso continuado de tecnologías basadas en inteligencia artificial puede llevar a un grado de dependencia excesivo, en el sentido de olvidar ciertos conocimientos éticos, técnicos, y otros, que son los que nos caracterizan como seres humanos, y que nos permiten actuar de manera autónoma y desarrollar nuestro propio pensamiento crítico, especialmente en momentos de necesidad.

Si las personas dependemos demasiado de la IA para hacer tareas o tomar decisiones, corremos el riesgo de perder la capacidad de pensar críticamente y de ser capaces de tomar decisiones por nosotros mismos. Esto puede afectar a nuestra capacidad para resolver problemas y tomar decisiones importantes en el futuro.

Además, en particular, la dependencia tecnológica puede limitar las oportunidades para que los niños sean creativos y usen y desarrollen su imaginación. Es importante que los padres y educadores sean conscientes de estos riesgos y establezcan límites saludables al uso de la tecnología. Fomentar un equilibrio entre el mundo digital y el mundo real puede ayudar a los niños a desarrollar habilidades sociales, manuales, técnicas y creativas, contribuyendo a su bienestar general presente y futuro.

Preguntas para debate: «La hormiga robot»

- ¿Qué es lo que más te ha gustado del cuento? ¿Qué les ha ocurrido a las hormigas?
- ¿Crees que es buena idea que una tecnología nos sustituya en todas las tareas y solo nos dediquemos a divertirnos y descansar? ¿Por qué no?
- ¿Qué lección aprendieron las hormigas?

El ángel del bosque

Había una vez un bosque en el que vivía una colonia
de mapaches.

Una mañana, los mapaches más jóvenes decidieron salir a
explorar más allá del bosque y llegaron hasta un pequeño
pueblo. Desde allí se avistaba una alta torre. Era tan alta como
el árbol más alto del bosque, y estaba coronada por una enorme
campana, hecha de hierro fundido. Por lo menos parecía muy
grande, en comparación con el tamaño de los mapaches.

Los animales, siempre curiosos, decidieron subir hasta lo más
alto, para poder ver desde allí las preciosas vistas y, con un poco
de suerte, alguna cigüeña de las que sobrevolaban su bosque.

Cuando llegaron a lo alto se sentaron sobre una piedra a
descansar y a recuperar el aliento. Fue entonces cuando
descubrieron que en una de las grietas de la roca había,
escondido, un pergamino. Los mapaches lo extendieron, para
poder leer su contenido con algo más de luz. ¡En el pergamino
se explicaban diferentes maneras de tocar las campanas!
Dependiendo del tañido, el sonido tenía un significado u otro.
Era como un idioma propio de las campanas. Así, por ejemplo,
tocar rápido la campana era una alerta para que la gente del
pueblo supiera que había un incendio cerca. Mientras que,
si se tocaban muy despacio, significaba que un vecino había
fallecido.

«¡Qué alucinante! El sonido de las campanadas tiene un significado distinto dependiendo de la manera en que las tocas», exclamó uno de los mapaches. El más mayor añadió: «En efecto, antiguamente, eso permitía informar a todas las personas del pueblo cuando ocurría algo importante, pero ya nadie sabe cómo tocarlas». Ante eso, el más pequeño y travieso de ellos dedujo: «Entonces, ¿podríamos engañar a la gente del pueblo haciéndoles creer que ha ocurrido algo que no ha sucedido?». «Efectivamente, pero eso no estaría bien», concluyó el mapache mayor.

Sin darle tiempo para terminar la frase, el pequeño mapache había comenzado a tocar las campanas de forma intermitente, lo que —según el pergamino— significaba que se estaba celebrando una boda. Los vecinos, al poco de oír la melodía, comenzaron a salir felices de sus casas, corriendo hacia la iglesia con flores y regalos para los supuestos novios. Pero al llegar a la Iglesia vieron que allí no había nadie.

Los mapaches, asustados, bajaron velozmente del campanario, y se escondieron en el bosque para no ser encontrados y, posiblemente, castigados.

Avergonzados por lo que habían hecho, acudieron a Angelucho, el ángel del bosque, que era conocido por su capacidad para resolver problemas difíciles.

Mientras le explicaban lo sucedido, el ángel les escuchó atentamente. Y, al terminar su relato, les tranquilizó diciéndoles: «Cometisteis un error, pero estáis arrepentidos. Ahora es momento de pedir disculpas y de reparar el daño», proclamó.

Los mapaches se sintieron aliviados al recibir la orientación del ángel del bosque y, siguiendo sus consejos, pidieron disculpas a los habitantes del pueblo. Trabajaron juntos para aprender a tocar bien las campanas y enseñárselas a tocar a los niños del pueblo.

Con el tiempo y con la ayuda del ángel, los mapaches se convirtieron en guardianes del campanario, prometiendo cuidarlo y protegerlo siempre.

Juntos aprendieron y enseñaron a los niños del pueblo una importante lección: que es importante conservar las tradiciones, y que se puede reparar una mala acción si se trabaja en equipo y te apoyas en la sabiduría de los demás.

Ficha técnica: "El ángel del bosque"

Este cuento es un homenaje a Ángel Pablo Avilés (1977-2023), más conocido como Angelucho, miembro del Grupo de Delitos Telemáticos de la Guardia Civil, que dedicó su vida a concienciar a los más pequeños en el uso responsable de la tecnología, y a ayudar y orientar a jóvenes hackers a comprender y a enmendar los errores cometidos por determinadas acciones que, aunque de manera no intencionada, podían comportar responsabilidades legales indeseadas.

De un lado, en esta fábula se refleja el riesgo de utilizar las nuevas tecnologías para desarrollar acciones de desinformación, confundiendo a los usuarios acerca de la veracidad de determinados hechos que son objeto de difusión (el caso de tocar falsamente la llegada de una boda).

Además, se trata de reflexionar sobre las lecciones que se pueden aprender tras la comisión de un acto perjudicial para terceros, y la importancia de educar a los más pequeños acerca de las repercusiones que pueden tener sus actos en Internet.

En resumen, la fábula ilustra cómo enfrentar las consecuencias de las acciones, corregir errores y aprender a través de la colaboración y la guía de personas sabias. Las lecciones aprendidas resaltan la importancia de la responsabilidad, la empatía y el cuidado del entorno para construir un mundo alineado con el buen uso de las tecnologías.

En este caso, los mapaches aprendieron valiosas lecciones:

– Responsabilidad: los animales se dieron cuenta de que sus acciones tenían consecuencias y asumieron la responsabilidad de arreglar el daño que habían causado. Aprendieron a reconocer sus errores y enfrentar las consecuencias, en lugar de ignorarlos o culpar a otros.

– Empatía: desarrollaron empatía al entender cómo sus acciones afectaron a otros seres vivos y se esforzaron por corregir el daño.

– Búsqueda de ayuda: entendieron la importancia de buscar la ayuda de personas sabias y respetadas cuando se enfrentan a problemas difíciles.

- Trabajo en equipo: trabajaron juntos para enmendar su error, demostrando que el trabajo en equipo puede solucionar problemas de manera efectiva.

- Cuidado del medio ambiente y las tradiciones: aprendieron a valorar y cuidar su entorno natural, promoviendo la importancia de la conservación y la protección de la cultura y tradiciones locales.

- Aprendizaje de la sabiduría: reconocieron la importancia de aprender de aquellos con más experiencia y sabiduría, como el ángel, para tomar decisiones adecuadas.

- Generosidad y servicio: mostraron generosidad al aprender y compartir ese conocimiento con otros, que cuidarán y conservarán esas valiosas tradiciones, demostrando la importancia de servir y ayudar a los demás.

Preguntas para debate: «El ángel del bosque»

- ¿Crees que el pequeño mapache actuó de manera correcta?
- ¿Hicieron bien en pedir ayuda a Angelucho?
- ¿Resolvieron el problema de manera adecuada?
- ¿Podría la IA engañarnos y confundirnos con mensajes falsos?

El espejo

Había una vez, en un tranquilo pueblo, una tienda de antigüedades que tenía en su escaparate un precioso espejo mágico, con una cualidad que lo hacía muy especial.

Todas las personas que se paraban ante el escaparate y se miraban en el espejo durante unos segundos, no solo podían ver reflejada su apariencia física, sino que también podían ver su personalidad.

Había gente que, aunque no fuera especialmente guapa, era bondadosa y amable, por lo que su reflejo era precioso. En cambio, otros que parecían buenas personas tenían un reflejo feo, ya que eran personas envidiosas y poco generosas.

La gente del pueblo se había acostumbrado a pasar frente al escaparate y verse reflejados en el espejo mágico, porque les ayudaba a corregir sus defectos y a ser mejores personas.

Pero un día, algo extraño comenzó a suceder. Las personas que se miraban en el espejo notaban que su reflejo actuaba de manera diferente, ¡incluso comenzaba a burlarse de las personas que se miraban en él!

Pasaron los días, y nadie encontró remedio para corregir el mal comportamiento del espejo. Intentaron limpiarlo, pero sin éxito.

El alcalde, muy preocupado por lo que estaba pasando, pidió a los vecinos que dieran su opinión sobre cómo solucionarlo. El alcalde opinaba que la identidad y personalidad de las personas son muy importantes, ya que es lo que nos hace únicos, y por eso merecen ser protegidas.

Varias fueron las propuestas que se recibieron: una empresa
fabricante de espejos propuso romper el espejo, ofreciéndose
a hacer otro espejo nuevo para el pueblo, a un precio muy
económico. Una asociación de vecinos miedosos se oponía a su
destrucción, ya que argumentaba que romper el cristal traería mala
suerte y algún vecino podría cortarse. Una agrupación de vecinos
tímidos estaba a favor de mantener el espejo en su lugar, ya que
ellos nunca se miraban en él.

Tras valorar todas las propuestas que se habían recibido, el alcalde dio órdenes de romper el espejo.

Un grupo de voluntarios se reunió frente a la tienda. Escogieron una piedra no demasiado grande, pero tampoco demasiado pequeña. Debía ser una piedra perfecta para poder romper el espejo en mil pedazos. No querían fallar, así que ensayaron varias veces antes de lanzar la piedra. Muchos vecinos se reunieron para ver el acontecimiento. Esperaban impacientes para ver cómo el espejo — finalmente— desaparecería, y pronto podrían volver a la normalidad de sus vidas.

Entre varios lanzaron la piedra que rompió el cristal sin mucha dificultad. Un breve estruendo y después se hizo el silencio. Los servicios de limpieza del ayuntamiento recogieron todos los pedazos de cristal y los enviaron a reciclar.

La gente volvió tranquilamente a sus casas, con la esperanza de que ningún espejo volvería a causarles problemas. Sin embargo, en el fondo sabían que ya no tendrían un lugar donde ver reflejados sus defectos para poderlos corregir.

Como echaban de menos al espejo, los vecinos decidieron juntarse una vez por semana para ayudarse entre ellos a ser mejores personas.

Ficha técnica: "El espejo"

La inteligencia artificial es un sistema que puede ser hackeado. Adicionalmente, de los riesgos que plantea un uso inadecuado de la inteligencia artificial pueden ser los de ser víctima de suplantación de identidad y sufrir ciberacoso:

En lo que respecta a la suplantación de Identidad, ésta puede llevarse a cabo a través de varias prácticas, a lo que puede acompañar otras prácticas tales como la creación de perfiles falsos, el engaño en las comunicaciones y el robo de información personal.

En cuanto al riesgo de ciberacoso, la IA puede ser utilizada para generar mensajes ofensivos, manipular contenido (imágenes y textos) para acosar y humillar a determinadas personas, o para crear rumores y desinformar, propagando información falsa sobre alguien, perjudicando su reputación.

Es importante ser consciente de estos riesgos y tomar medidas para protegerse en línea, lo que incluye cuidar la información personal, ser crítico ante los mensajes en línea y reportar cualquier actividad inadecuada.

Preguntas para debate: «El espejo»

— ¿Te parece importante proteger la identidad de las personas cuando se usa la inteligencia artificial?

— Si una IA se comportase de manera inadecuada, ¿qué solución podríamos aplicar?

— ¿Puede usarse la IA para suplantar la identidad de una persona?

El estanque y las ranas

En un rincón oculto del bosque se encontraba un precioso estanque, cuya agua era serena y cristalina.

Durante el día, la luz del sol se reflejaba en su superficie iluminando todo a su alrededor, dejando ver los maravillosos colores de las plantas e insectos que habitaban ese lugar.

Por la noche, la luna reflejaba su brillo plateado, transmitiendo una sensación de paz que se contagiaba a los muchos animales que se acercaban a beber del agua de la charca.

El agua provenía de una fuente que brotaba despacio, pero sin parar, dibujando una pequeña cascada de la que se nutría el estanque. Debajo nadaban tranquilamente los peces.

Un día, las ranas más jóvenes se dieron cuenta de que si apartaban unas piedras el agua brotaría con más fuerza, y la cascada sería mayor y más bella, por lo que podría ser más divertido saltar en el estanque.

Así que, sin consultarlo con nadie, retiraron unas rocas y el agua comenzó a caer con más fuerza. A medida que fluía más agua, la cascada parecía aún más magnífica y majestuosa. Y las ranas se divertían saltando al estanque una y otra vez.

Sin embargo, los batracios no habían reparado en que, si la fuente fluía con mayor fuerza, consumiría una mayor cantidad de agua

Así que, una vez que el agua del acuífero se fue consumiendo, el flujo de la cascado se fue volviendo más lento.

Hasta que una noche de luna llena, los peces se dieron cuenta de que la cascada ya no echaba agua. Preocupados, preguntaron al resto de animales si sabían qué podría estar ocurriendo. Asustadas, las ranas confesaron que unas semanas antes habían retirado unas piedras porque querían que la cascada fuera más fuerte y más bonita que antes, pero que no tenían intención de que la fuente se secara.

Los peces, que llevaban mucho tiempo viviendo en la charca, les explicaron a las ranas que al aumentar tanto el consumo de agua, ésta se estaba agotando.

Las ranas, arrepentidas, buscaron una solución para evitar que el estanque se acabase secando en las estaciones de menos lluvias.

Todas las ranas llevarían pequeñas piedras que colocarían al principio de la cascada, para, de este modo, lograr disminuir su cauce. Todos los animales del bosque ayudaron a las ranas en su misión, ya que el estanque era el lugar favorito de todos ellos.

Al poco tiempo, al regresar la temporada de lluvias la fuente volvió a fluir con renovada agua cristalina, dejándola caer en el estanque a través de la cascada.

Gracias a eso, todos los animales comprendieron que, aunque tener una cascada mayor podría ser más emocionante, también era importante restringir el consumo para que no se terminase tan rápidamente y que la cascada pudiera seguir fluyendo. Las ranas aprendieron que, en su fuente, como en toda la naturaleza, existe un equilibrio que debe ser respetado y protegido.

Ficha técnica: "El estanque y las ranas"

Una de las características del uso de la IA en la actualidad tiene que ver con su alto consumo energético, lo que plantea serias cuestiones relacionadas con la protección del medio ambiente y otros aspectos vinculados a la sostenibilidad y buen gobierno, especialmente en el ámbito de la empresa. Como aspectos a destacar que debemos tener en cuenta, encontramos los siguientes:

— Intensidad energética: el entrenamiento y funcionamiento de modelos de inteligencia artificial (especialmente los de aprendizaje profundo conocidos como deep learning) a gran escala requiere una cantidad significativa de potencia de procesamiento. Los centros de datos que alojan estos modelos pueden consumir enormes cantidades de energía eléctrica, contribuyendo a la demanda general de energía.

— Huella de carbono: el alto consumo de energía en los centros de datos y servidores utilizados para ejecutar la inteligencia artificial puede dejar una mayor huella de carbono. La generación de electricidad en muchas regiones aún depende en gran medida de combustibles fósiles, lo que contribuye al cambio climático.

— Refrigeración y enfriamiento: el calor generado por la intensa actividad de procesamiento en los centros de datos debe ser controlado mediante sistemas de enfriamiento, que también requieren energía adicional. La refrigeración puede llegar a representar una parte significativa del consumo energético total.

En última instancia, el uso de la IA puede tener un impacto significativo en la demanda de energía, pero también existen oportunidades para abordar este problema a través de la innovación tecnológica y la conciencia de la sostenibilidad en el desarrollo y la implementación de sistemas de inteligencia artificial.

Preguntas para debate: «El estanque y las ranas»

— ¿Qué les ha pasado a las ranas del estanque?

— ¿Crees que la IA consume mucha energía?

— ¿Debemos cuidar el medioambiente también cuando usamos la tecnología?

© Francisco Pérez Bes

© TIRANT LO BLANCH
   EDITA: TIRANT LO BLANCH
   C/ Artes Gráficas, 14 - 46010 - Valencia
   TELFS.: 96/361 00 48 - 50
   FAX: 96/369 41 51
   Email: tlb@tirant.com
   www.tirant.com
   Librería virtual: www.tirant.es
   DEPÓSITO LEGAL: V-4447-2025
   ISBN: 978-84-1081-681-7
   MAQUETA: Innovatext